Amuse Gueules

et COMPAGNIE

KÖNEMANN

Les amuse-gueules

C'est la perfection en miniature, irrésistible pour vos soirées. Étonnez vos invités en leur offrant un éventail d'amuse-gueules.

Rouleaux de printemps

Préparation :
30 minutes
Cuisson :
12 minutes

Pour 10 rouleaux
Sauce coriandre et citron
185 ml d'eau
1/2 cube de bouillon de poule
1 cuil. à café de miel
1 citron
1 cuil. à soupe de sauce soja
1 cuil. à soupe de coriandre, hachée

3 carottes, épluchées
1 poivron rouge
2 courgettes
2 oignons nouveaux
1 blanc d'œuf
10 g de feuilles de coriandre
10 feuilles de pâte de riz

1. Sauce : Mélanger les ingrédients pour la sauce dans une poêle. Laisser mijoter jusqu'à ce que la moitié du liquide se soit évaporé. Retirer du feu et égoutter. Couvrir et laisser refroidir.
2. Couper les carottes, le poivron, les courgettes et les oignons en julienne. Ajouter le blanc d'œuf et la coriandre.
3. Tremper chaque feuille de riz dans de l'eau chaude 1 minute, les égoutter. Poser un peu de mélange de légumes sur chacune des feuilles de riz. Les enrouler après avoir replié les bords. Placer les feuilles ainsi roulées dans un cuiseur-vapeur. Porter l'eau à faible ébullition 7 minutes. Servir les rouleaux avec la sauce.

Note : les préparer 2 heures à l'avance et les garder couverts au réfrigérateur. Réchauffer juste avant de servir.

Rouleaux de printemps.

Carrés de pizza

Préparation :
20 minutes
Cuisson :
40 minutes
Pour 50 carrés

2 cuil. à soupe d'huile
4 oignons moyens, coupés en tranches fines
2 abaisses de pâte feuilletée
90 g de pesto aux tomates séchées
10 anchois, hachés
Basilic, haché

1. Préchauffer le four à 200 °C (thermostat 6). Faire chauffer l'huile dans une grande poêle et revenir les oignons jusqu'à ce qu'ils soient légèrement dorés. Réserver.
2. Placer la pâte feuilletée sur une plaque de four légèrement graissée et recouvrir de pesto aux tomates. Répartir les oignons cuits dessus.
3. Éparpiller les anchois et le basilic sur les oignons, faire cuire au four 20 minutes, jusqu'à ce que les carrés soient gonflés et dorés. Laisser refroidir. Découper en petits carrés. Décorer de feuilles de salade et de poivron coupé en fines lanières.

Note : cuire les oignons, couvrir et mettre au réfrigérateur. Ne pas cuire les carrés de pizza plus de 2 heures avant de servir.

Brochettes de poulet épicé

Préparation :
30 minutes + réfrigération
Cuisson :
10 minutes
Pour 25 brochettes

1 kg de blanc de poulet
250 ml de yaourt nature
1 cuil. à café de chili en poudre
1 cuil. à café de curcuma
1 cuil. à café de cumin, moulu
1 cuil. à café de coriandre moulue
1 cuil. à café de gingembre, râpé
1 gousse d'ail, écrasée

1. Laisser tremper 25 petites brochettes en bois dans de l'eau froide 30 minutes, pour éviter qu'elles ne brûlent pendant la cuisson. Dégraisser le poulet. Couper les filets en dés. Enfiler les dés de poulet sur les brochettes en les répartissant sur toute la longueur.
2. Mélanger dans un saladier le yaourt, la poudre de chili, le curcuma, le cumin, la coriandre, le gingembre et l'ail. Placer les brochettes dans un plat, avec le mélange au yaourt ; les laisser mariner, couvertes, plusieurs heures, voire une nuit, au réfrigérateur. Retourner les brochettes de temps à autre.
3. Placer les brochettes de poulet sur une grille ou une plaque de barbecue, légèrement huilée. Laisser cuire 8 à 10 minutes, jusqu'à ce que la viande soit tendre et dorée. Garnir les brochettes d'herbes fraîches selon le goût.

Note : préparer les brochettes à l'avance et les cuire au moment de servir.

Carrés de pizza (en haut), brochettes de poulet épicé.

Pâtés à la feta

Préparation :
20 minutes + 1 heure de réfrigération
Cuisson :
5 minutes
Pour 50 pâtés

185 ml de crème liquide
2 cuil. à café de poivre moulu
25 g de menthe, hachée
30 g d'aneth, haché
30 g de persil, haché
150 g de pignons
500 g de feta

1. Préchauffer le four à 180 °C (thermostat 4). Répartir les pignons sur une plaque de four. Faire griller 5 minutes, jusqu'à ce qu'ils soient légèrement dorés, laisser refroidir.
2. Passer les pignons au mixeur. Couper la feta en morceaux et mélanger aux pignons, à la crème et au poivre.
Mixer jusqu'à ce que le mélange soit crémeux. Ajouter les herbes et mixer à nouveau, jusqu'à ce que les ingrédients soient bien mélangés.
3. Verser le mélange sur un film alimentaire et l'emballer serré. Laisser au moins une heure au réfrigérateur, jusqu'à ce que le mélange durcisse. Le poser sur une assiette, aplatir avec un couteau. Décorer de pignons et d'herbes. Accompagner le pâté à la feta de pain croustillant ou de tranches de pain de mie, découpées en triangles et légèrement grillées.

Note : préparer 2 jours à l'avance et garder couvert au réfrigérateur. Sortir 30 minutes avant de servir.

Mini-croissants

Préparation :
30 minutes + temps de refroidissement
Cuisson :
30 minutes
Pour 30 croissants

40 g de beurre
3 oignons moyens, coupés en petits dés
12 olives noires dénoyautées, coupées en tranches fines
2 cuil. à soupe de persil haché
Poivre noir
3 abaisses de pâte feuilletée
1 œuf, battu

1. Faire fondre le beurre dans une poêle et revenir les oignons à feu doux 10 minutes, jusqu'à ce qu'ils soit dorés. Retirer du feu, ajouter les olives et le persil. Poivrer et saler selon le goût. Laisser refroidir.
2. Couper chaque feuille de pâte en deux, puis chaque moitié en 5 triangles de 8 cm de côté. Placer un peu de mélange d'oignons sur chaque triangle et enrouler vers la pointe. Courber les coins pour obtenir la forme d'un croissant.
3. Placer les croissants sur une plaque de four, réserver au réfrigérateur pendant 30 minutes. Préchauffer le four à 200 °C (thermostat 6). Badigeonner chaque croissant d'œuf battu, puis cuire au four 20 minutes, jusqu'à ce que la pâte soit gonflée et soit dorée.

Note : les croissants peuvent être préparés au moins 6 heures à l'avance. Les réchauffer au four avant de servir.

Pâté à la feta (en haut), mini-croissants.

Mini-pommes de terre

Préparation :
10 minutes
Cuisson :
30 minutes
Pour 30 mini-pommes de terre

30 petites pommes de terre nouvelles (voir Note)
250 g de crème fraîche
2 cuil. à soupe d'œufs de lump

1. Préchauffer le four à 200 °C (thermostat 6). Piquer les pommes de terre avec une fourchette, les placer sur une plaque de four. Faire cuire 30 minutes, jusqu'à ce qu'elles soient tendres. Laisser refroidir.
2. Avec un couteau, faire une incision sur chaque pomme de terre, ouvrir et placer un peu de crème et d'œufs de lump. Cuire les pommes de terre à l'avance, mais ajouter la crème et les œufs de lump 30 minutes seulement avant de servir.

Note : pour cette recette, choisir de très petites pommes de terre, de grosseur identique pour le même temps de cuisson. Utiliser des œufs de lump noirs ou rouges, ou une combinaison des deux, selon le goût.

Roulés au bœuf

Préparation :
30 minutes
Cuisson :
30 minutes
Pour 20 roulés

500 g de filet de bœuf
3 cuil. à soupe d'huile d'olive
1 cuil. à soupe de raifort
2 cuil. à soupe de moutarde
1 courgette moyenne, coupée en bâtonnets
1 petite carotte, coupée en fines lamelles
1 petit poivron rouge, coupé en fines lamelles
50 g de pois mange-tout

1. Préchauffer le four à 200 °C (thermostat 6). Dégraisser la viande et la badigeonner d'un peu d'huile d'olive. Faire revenir la viande à feu vif, de façon à ce que le jus reste dans la viande.
2. Placer le filet de bœuf dans un plat allant au four et cuire 20 minutes. Retirer du four et laisser refroidir.
3. Couper la viande en tranches très fines. Mélanger le raifort et la moutarde, étaler un peu de ce mélange sur chaque tranche de bœuf.
4. Faire chauffer le reste d'huile dans une poêle et revenir à feu vif la courgette, la carotte, le poivron et les pois. Laisser refroidir les légumes. Poser un peu de ce mélange sur chaque tranche de bœuf et les enrouler.

Note : la viande de bœuf et les légumes peuvent être préparés 2 heures à l'avance. Mettre la garniture aux légumes dans la viande 30 minutes avant de servir.

Mini-pommes de terre (au centre), roulés au bœuf.

Mini-burgers de lentilles

Préparation :
30 minutes
Cuisson :
45 minutes
Pour 30 mini-burgers

185 g de lentilles
1 feuille de laurier
1 oignon moyen, émincé
1 gousse d'ail, écrasée
1 petit poireau, émincé
1 petite carotte, râpée
80 g de chapelure
2 jaunes d'œufs
2 cuil. à soupe d'estragon haché
3 cuil. à soupe d'huile
Pain de mie (facultatif)
Ketchup

1. Mettre les lentilles et la feuille de laurier dans une poêle de taille moyenne, recouvrir d'une grande quantité d'eau, porter à ébullition et laisser cuire à feu doux 20 à 30 minutes sans couvrir. Égoutter et enlever la feuille de laurier.
2. Mixer la moitié des lentilles avec l'oignon et l'ail, jusqu'à ce que le mélange forme une pâte fine. Verser dans un saladier et mélanger avec le reste des lentilles, le poireau, la carotte, la chapelure, les jaunes d'œufs et l'estragon. Saler et poivrer. Former des mini-burgers à partir d'une cuil. à soupe du mélange.
3. Faire chauffer de l'huile dans une poêle et frire les mini-burgers jusqu'à ce qu'ils soient dorés des deux côtés. Égoutter sur du papier absorbant. Servir chaud sur des toasts et selon le goût, couvrir d'un peu de ketchup.

Note : On peut fabriquer les burgers la veille et les réchauffer au four avant de servir.

Brochettes de saumon satay

Préparation :
30 minutes + 1 heure de réfrigération
Cuisson :
2 minutes
Pour 24 brochettes

500 g de darne de saumon
Huile d'olive
Fleur de sel

Mayonnaise au gingembre et au citron vert
250 g de mayonnaise
60 ml de yaourt nature
1 cuil. à café de gingembre, finement râpé
1 cuil. à café de zeste de citron vert, finement râpé
2 cuil. à café de jus de citron vert

1. Envelopper le poisson dans un film alimentaire et le mettre au congélateur pendant une heure.
2. Faire tremper des petites brochettes en bois dans de l'eau froide 30 minutes, afin de les empêcher de brûler pendant la cuisson. Préchauffer le gril. Couper le saumon en lanières de 5 cm. Enfiler les bandes de saumon sans trop les serrer sur les brochettes. Badigeonner les brochettes d'huile, assaisonner de fleur de sel et de poivre moulu, selon le goût. Faire cuire au gril 2 minutes. Servir accompagné de mayonnaise au citron vert et au gingembre. On peut ajouter des tranches de citron vert, des câpres et des brins d'aneth pour servir.
3. Pour la mayonnaise : mettre la mayonnaise dans

Brochettes de saumon satay, mini-burgers aux lentilles.

un saladier et remuer jusqu'à ce qu'elle soit crémeuse. Ajouter le yaourt, le gingembre et le zeste de citron râpé, puis le jus de citron vert. Saler, poivrer
et mélanger. Mettre au frais au moins une heure.

Note : faire cuire les brochettes juste avant de servir. Préparer la mayonnaise 6 heures avant, et conserver au réfrigérateur.

Purées et entrées

Ces recettes accompagnées de légumes croquants sont irrésistibles, inspirées de la cuisine grecque, mexicaine…

Caviar d'aubergines

Couper 2 aubergines en deux dans le sens de la longueur, les placer, peau en haut, sur une plaque de four huilée et cuire 1 heure. Laisser refroidir, retirer la chair avec une cuillère. La placer dans un mixeur avec 3 gousses d'ail écrasées, 2 cuil. à soupe d'huile d'olive et 2 cuil.à soupe de jus de citron. Mixer jusqu'à ce que le mélange soit onctueux. Saler, poivrer. Conserver 2 jours maximum au frais.

Guacamole

Écraser 2 gros avocats, mélanger avec 2 cuil. à soupe de jus de citron et 2 gousses d'ail écrasées. Ajouter un oignon rouge finement haché, une tomate concassée, 15 g de feuilles de coriandre. Pour un guacamole plus épicé, ajouter un peu de sauce chili. Conserver 4 heures maximum au réfrigérateur.

Hoummous

Placer dans un mixeur 900 g de pois chiches en boîte rincés et égouttés, 60 ml de jus de citron et d'huile d'olive, 2 gousses d'ail et 2 cuil. à soupe de sauce tahini. Mixer. Ajouter 60 ml d'eau pour obtenir une sauce crémeuse. Assaisonner et ajouter 1/2 cuil. à café de cumin moulu. Verser dans un bol. Recouvrir d'un filet d'huile d'olive. Conserver 2 jours au frais.

Chili au fromage

Hacher et faire revenir un oignon de taille moyenne dans une poêle, mais sans le brunir. Ajouter 1 cuil. à café de chili, laisser cuire quelques secondes, verser 310 g de crème fraîche et remuer jusqu'à ce que le mélange soit chaud et la sauce un peu liquide. Ajouter 310 g de fromage râpé, remuer pour bien mélanger et rendre onctueux. Servir avec des chips de maïs.

Mousseline de saumon

Égoutter et mixer 415 g de saumon en boîte. Ajouter 120 ml de crème liquide, 150 ml de fromage frais crémeux, 60 ml de jus de citron, 2 cuil. à soupe d'aneth frais et 1 cuil. à soupe de ciboulette hachés. Mixer pour obtenir un mélange onctueux. Conserver 1 jour au réfrigérateur.

Crudités

Tout le monde aime les crudités. Utiliser des crudités dont le goût mais aussi la couleur et la forme seront appétissants. Couper les légumes en bâtonnets mais rien n'empêche de leur donner d'autres formes. Chez les marchands de légumes on trouve des légumes originaux ou miniatures.

De gauche à droite : guacamole, caviar d'aubergines, hoummous, chili au fromage, mousseline de saumon, crudités.

Canapés frits au fromage

Préparation :
20 minutes
Cuisson :
5 minutes
Pour 40 canapés

20 tranches de pain grillé
90 g de moutarde
600 g de mozzarella en tranches
Huile, pour la friture
Farine, pour saupoudrer
3 œufs, battus
Cresson, pour décorer

1. Enlever la croûte du pain. Étaler de la moutarde sur les tranches de pain, ajouter une tranche de fromage et poser une deuxième tranche de pain.
2. Faire chauffer de l'huile dans une poêle. Saupoudrer les sandwiches d'un peu de farine, puis les plonger dans l'œuf battu.
3. Faire dorer les sandwiches des deux côtés et égoutter sur du papier absorbant. Les couper en quatre et décorer de cresson. Servir chaud.
Note : on peut préparer les canapés 4 heures avant, mais il faut les saupoudrer de farine et les tremper dans l'œuf battu au dernier moment.

Galettes de crabe

Préparation :
40 minutes + temps de réfrigération
Cuisson :
6 minutes par galette
Pour 48 galettes

500 g de miettes de crabe en boîte
2 œufs, légèrement battus
80 g de chapelure
2 cuil. à soupe de coriandre, hachée
1 oignon nouveau, haché
4 cuil. à soupe de sauce chili
Jus et zeste râpé d'un demi-citron
1 cuil. à soupe de moutarde
1 cuil. à soupe de gingembre râpé
Beurre et huile, pour la friture
Farine, pour enrober

Sauce à l'avocat et aux pistaches
1 cuil. à soupe de beurre
90 g de pistaches, hachées
1 avocat mûr
1 cuil. à soupe de jus de citron
125 g de mayonnaise

1. Dans un saladier, mélanger les miettes de crabe, les œufs, la chapelure, la coriandre, l'oignon, la sauce chili, le jus et le zeste de citron, la moutarde et le gingembre. Former de petites galettes, couvrir et mettre au réfrigérateur juste avant de servir.
2. Faire chauffer le beurre et l'huile dans une poêle. Tremper les galettes de crabe dans la farine, puis frire 2 à 3 minutes de chaque côté, jusqu'à ce qu'elles soient dorées. Égoutter sur du papier absorbant. Servir chaud.
3. Pour la sauce : faire fondre du beurre dans une poêle et frire les pistaches jusqu'à ce qu'elles soient dorées. Écraser l'avocat dans un bol, puis ajouter le jus de citron et mélanger. Déposer les pistaches et la mayonnaise sur les galettes. Recouvrir de pistaches hachées. Couvrir et laisser au réfrigérateur 1 heure.

Note : préparer les galettes 6 heures à l'avance.

Canapés frits au fromage (en haut), galettes de crabe.

Tartelettes à la truite et au concombre

Préparation :
30 minutes + 1 heure 50 de repos
Cuisson :
10 minutes
Pour 15 tartelettes

125 g de farine
2 cuil. à soupe de parmesan râpé
75 g de beurre, coupé en cubes
1 œuf, légèrement battu

Garniture
300 g de filet de truite
1 jus de citron
2 cuil. à soupe d'huile d'olive
60 g de concombre, haché fin, non épluché
1 cuil. à soupe d'oignon nouveau, coupé en rondelles
1 cuil. à soupe d'aneth ou de cerfeuil haché
1 pincée de sel
Poivre noir moulu
15 feuilles d'épinards

1. Mixer la farine, une pincée de sel, le fromage et le beurre, jusqu'à ce que le mélange soit fin et friable. Ajouter l'œuf et malaxer à nouveau 15 secondes. Placer la pâte sur une surface légèrement farinée et l'étaler. Laisser reposer la pâte 30 minutes au réfrigérateur, enveloppée dans un film alimentaire.
2. Garniture : débarrasser la truite de sa peau. Enlever les arêtes. Envelopper le poisson dans une feuille de film alimentaire et mettre au congélateur 1 heure. Verser le jus de citron et l'huile dans un saladier, puis fouetter. Couper le poisson en morceaux, ajouter à la marinade. Couvrir et laisser mariner à température ambiante 20 minutes. Égoutter presque toute la marinade, pour qu'il soit juste humecté. Ajouter le concombre, l'oignon, l'aneth ou le cerfeuil, le sel et le poivre.
3. Préchauffer le four à 210 °C (thermostat 6-7). Abaisser la pâte à 2 mm, puis la découper pour garnir 15 petits moules. Piquer la pâte avec une fourchette et cuire au four 9 à 10 minutes, jusqu'à ce que la pâte soit dorée. Enlever la pâte des moules et mettre à refroidir. Placer une feuille d'épinard dans chaque tarte et remplir d'une cuil. à soupe de garniture. Servir aussitôt.

Note : préparer les fonds de tarte 2 jours à l'avance et les conserver dans un récipient hermétique.

Boulettes de viande aux herbes

Préparation :
30 minutes
Cuisson :
5 minutes par boulette
Pour 45 boulettes

1 oignon moyen, haché
750 g de bœuf haché
1 œuf, légèrement battu
2 gousses d'ail, écrasées
2 cuil. à café de poivre
1/4 de cuil. à café de sel
2 cuil. à soupe de sauce aux prunes
1 cuil. à soupe de sauce Worcestershire
2 cuil. à soupe de romarin, haché fin
1 à 2 cuil. à soupe de menthe hachée ou du basilic
Huile, pour la friture

1. Mélanger l'oignon, le bœuf, l'œuf, l'ail, le poivre, le sel, les sauces et les herbes dans un saladier. Faire des boulettes de la grosseur correspondant à une cuillère à soupe.

Boulettes de viande aux herbes (en haut), tartelettes à la truite et au concombre.

2. Faire chauffer l'huile dans une grande poêle et cuire les boulettes 5 minutes, en petite quantité et à température moyenne, jusqu'à ce qu'elles soient dorées. Secouer la poêle pendant la cuisson pour éviter qu'elles n'attachent. Égoutter sur du papier absorbant. Garder au chaud. Servir avec de la sauce tomate.

Note : faire cuire à l'avance et conserver 2 semaines au congélateur, dans un récipient hermétique. Laisser décongeler et réchauffer au four à 180 °C (thermostat 4) 10 à 15 minutes. On peut aussi mettre la viande crue au congélateur.

Rouleaux de jambon aux asperges

Préparation :
20 minutes
Cuisson :
8 minutes
Pour 12 rouleaux

12 pointes d'asperges
50 g de beurre, fondu
4 cuil. à soupe de parmesan râpé
6 tranches de jambon cru, coupées en deux
Noix de muscade, râpée
Poivre noir
1/2 citron

1. Préchauffer le four à 180 °C (thermostat 4). Mettre les pointes d'asperges dans une casserole d'eau légèrement salée, bouillante. Laisser cuire 1 minute, jusqu'à ce que les asperges soient tendres.
2. Égoutter sur du papier absorbant. Enduire les pointes d'asperges de beurre fondu, les rouler dans le parmesan râpé, envelopper chacune dans une demi-tranche de jambon cru.
3. Mettre du beurre fondu dans un plat à four, placer les asperges, saupoudrer du reste de parmesan et de noix de muscade râpée, poivrer selon le goût. Laisser cuire au four 7 minutes. Servir avec un jus de citron.

Note : on peut préparer les rouleaux 6 heures à l'avance et les conserver couverts au réfrigérateur. Réchauffer avant de servir.

Tartelettes au fromage de chèvre

Préparation :
40 minutes + 30 minutes au réfrigérateur
Cuisson :
25 minutes
Pour 15 tartelettes

125 g de farine
75 g de beurre, coupé en cubes
1 à 2 cuil. à soupe de lait froid

Garniture
6 tomates séchées, coupées en tranches
100 g de fromage de chèvre, coupé en petits morceaux
1 cuil. à soupe de basilic, haché
10 à 15 olives noires dénoyautées, coupées en tranches
1 cuil. à soupe d'oignon nouveau, haché
2 œufs
125 ml de crème liquide

1. Mixer la farine, une pincée de sel et un peu de beurre pour obtenir un mélange friable. Ajouter du lait et malaxer jusqu'à ce que le mélange épaississe. Pétrir doucement la pâte. L'envelopper dans un film alimentaire et mettre au réfrigérateur 30 minutes. Préchauffer le four à 180 °C (thermostat 4).
2. Abaisser la pâte à 2 mm et découper 15 cercles avec un couteau. Garnir de pâte 15 petits moules ronds. Cuire au four 7 minutes, pour que la pâte durcisse, sans être dorée.
3. Placer les tomates au fond des tartelettes, recouvrir de fromage, de basilic, d'olives et d'oignon. Battre légèrement les œufs dans un petit bol, incorporer la crème liquide. Saler, poivrer. Verser un peu du mélange mixé dans chaque tartelette et réchauffer au four 15 minutes. Servir chaud ou tiède.

Rouleaux de jambon aux asperges (en haut), tartelettes au fromage de chèvre.

Bruschetta

Préparation :
1 heure
Cuisson :
20 minutes
Pour 60 portions

1 pain italien
60 ml d'huile d'olive
2 gousses d'ail, écrasées

Garniture roquette et poivron
125 ml de pesto
60 g de fromage frais crémeux
150 g de feuilles de roquette
125 g de poivron, coupé en lamelles
Parmesan, râpé

Garniture ricotta et pancetta
125 g de ricotta
15 g de basilic, haché
2 cuil. à soupe de tomates séchées, hachées
Huile d'olive
125 g de pancetta, coupée en tranches fines

Garniture saumon fumé et asperge
125 g de fromage frais crémeux
1 botte d'asperges, épluchées et blanchies
200 g de saumon fumé, coupé en tranches
1 cuil. à soupe d'huile d'olive
150 g de câpres, égouttées

Garniture tomate et basilic
2 tomates bien mûres
15 g de basilic, coupé en lanières
1 cuil. à soupe d'huile d'olive

1. Préchauffer le four à 200 °C (thermostat 6). Couper le pain en tranches de 1,5 cm d'épaisseur. Recouper ces tranches en 4 ou en 2. Enduire une plaque d'un peu d'huile d'olive et les disposer.

2. Mélanger le reste d'huile à l'ail, tartiner les tranches de pain de ce mélange. Faire griller 10 à 15 minutes, jusqu'à ce que les tranches deviennent croustillantes et commencent à dorer, les retourner à mi-cuisson. Retirer du four et laisser refroidir.

3. Garniture roquette et poivron : mélanger le pesto avec le fromage frais, puis étaler ce mélange sur la bruschetta. Garnir de feuilles de roquette, de poivron et de fromage.

4. Garniture ricotta et pancetta : mélanger la ricotta avec le basilic et les tomates. Étaler ce mélange sur la bruschetta. Faire revenir la pancetta dans un peu d'huile d'olive jusqu'à ce qu'elle soit croustillante. Hacher la pancetta et parsemer sur le mélange de ricotta.

5. Garniture au saumon fumé et aux asperges : étaler du fromage frais sur la bruschetta. Couper les pointes d'asperges en quatre. Sur le fromage, ajouter le saumon et le poivre. Jeter les câpres dans de l'huile très chaude jusqu'à ce qu'elles deviennent croustillantes, puis en saupoudrer le saumon.

6. Garniture à la tomate et au basilic : couper les tomates en petits morceaux, les mélanger dans un bol avec le basilic et l'huile d'olive. Assaisonner de poivre moulu. Verser ce mélange sur le pain, juste avant de servir.

Note : il est conseillé de faire revenir le pain 2 heures avant. Préparer les garnitures et en recouvrir la bruschetta 30 minutes avant de servir.

La bruschetta et ses garnitures assorties (en haut), bruschetta à la tomate et au basilic.

Ailes de poulet au soja et au miel

Préparation :
15 minutes + 2 heures de réfrigération
Cuisson :
40 minutes
Pour 12 ailes

12 ailes de poulet
2 cuil. à soupe de sauce soja
2 cuil. à soupe de sauce hoisin
90 ml de miel
60 ml de sauce tomate
1 cuil. à soupe de vinaigre de cidre
2 gousses d'ail, écrasées
2 cuil. à soupe de graines de sésame
1/2 cuil. à café de cinq-épices
1 cuil. à soupe d'huile de sésame

1. Essuyer les ailes de poulet. Mélanger dans un saladier les autres ingrédients.
2. Plonger les ailes de poulet et bien enrober avec le mélange. Couvrir et mettre au réfrigérateur au moins 2 heures. Retourner les ailes de temps à autre.
3. Préchauffer le four à 180 °C (thermostat 4). Égoutter le poulet et jeter la marinade. Placer dans un plat à four. Faire griller 35 à 40 minutes. Servir chaud ou tiède.

Note : laisser mariner les ailes de poulet au moins 8 heures avant de les consommer. Mettre au four 30 minutes avant de servir.

Toasts aux crevettes

Préparation :
20 minutes
Cuisson :
10 à 15 minutes
Pour 48 toasts environ
350 g de crevettes

1 gousse d'ail
75 g de châtaignes d'eau ou de pousses de bambou en conserve, égouttées
1 cuil. à soupe de coriandre, hachée
1 morceau de 2 cm de gingembre, épluché
2 œufs
1/2 cuil. à café de sel
12 tranches de pain de mie
155 g de graines de sésame
1 pincée de poivre blanc
Huile, pour la friture

Ailes de poulet au soja et au miel (en haut), toasts aux crevettes.

1. Décortiquer les crevettes, enlever la tête et la queue. Mixer la chair des crevettes, l'ail, les châtaignes ou pousses de bambou, la coriandre, le gingembre, les blancs d'œufs, le poivre et le sel, pendant 20 à 30 secondes, jusqu'à ce que le mélange soit onctueux. Enlever la croûte du pain de mie et le couper en triangles.
2. Avec les deux jaunes d'œufs, légèrement battus, enduire le pain avec un pinceau, puis étaler uniformément le mélange à base de crevettes. Saupoudrer de graines de sésame.
3. Faire chauffer l'huile dans une poêle profonde, à feu moyen et frire 10 à 15 secondes les toasts de chaque côté jusqu'à ce qu'ils soient dorés et croustillants.
4. Sortir et égoutter les toasts sur du papier absorbant et servir chauds. Pour la garniture, ajouter des tranches de citron et de la ciboulette, ou d'autres herbes, selon le goût.

Note : préparer les toasts plusieurs heures à l'avance et les conserver au réfrigérateur. Faire frire juste avant de servir.

Pommes caramélisées au roquefort

Préparation :
30 minutes
Cuisson :
15 minutes environ
Pour 24 bouchées

3 pommes golden
2 cuil. à soupe de jus de citron
60 g de sucre glace
30 g de beurre
175 g de roquefort, émietté
30 g de noix, hachées
1 branche de céleri, émincée
250 g de pain de seigle

1. Éplucher et épépiner les pommes et les couper en 8 quartiers. Badigeonner chaque tranche de jus de citron et saupoudrer de sucre glace. Faire chauffer le beurre dans une poêle. Ajouter quelques tranches de pommes et faire chauffer jusqu'à ce qu'elles brunissent et commencent à caraméliser. Placer les pommes sur une feuille d'aluminium et laisser refroidir. Répéter la même opération avec tous les quartiers de pomme, en ajoutant du beurre si nécessaire.
2. Mélanger dans un saladier le fromage, les noix et le céleri. Poser un peu de mélange au fromage avec un quartier de pomme sur une tranche de pain de seigle. Décorer de feuilles de céleri.

Note : préparer quelques heures avant de servir et garder au réfrigérateur couvert d'un film alimentaire.

Roulés au saumon fumé

Préparation :
30 minutes + 3 heures de réfrigération
Cuisson :
5 minutes
Pour 18 rouleaux environ

3 œufs
3 cuil. à soupe d'eau
2 cuil. à café de Maïzena
Huile d'olive pour badigeonner
250 g de fromage frais crémeux
1 cuil. à soupe de gingembre au vinaigre, haché
2 cuil. à soupe de ciboulette hachée
100 g de saumon fumé, haché
Poivre noir, moulu

1. Battre un œuf dans un bol. Ajouter 1 cuil. à calé d'eau, $1/2$ cuil. à café de Maïzena, saler, poivrer.
2. Faire chauffer une poêle badigeonnée d'huile. Ajouter le mélange à base d'œuf et cuire à température moyenne, en ramenant l'œuf vers le centre de la poêle à l'aide d'une spatule. Laisser l'omelette refroidir 2 minutes, la glisser sur une surface plane, la face non cuite vers le haut. Mettre de côté. Répéter l'opération pour faire 2 omelettes de plus.
3. Placer chacune des omelettes sur une feuille de papier sulfurisé. Répartir le fromage frais sur les 3 omelettes en l'étalant doucement. Prendre garde à ne pas déchirer les omelettes. Ajouter un peu de gingembre, de ciboulette et de saumon, poivrer selon le goût. Enrouler chaque omelette. Couvrir les roulés et mettre au réfrigérateur au moins 3 heures.

Roulés au saumon fumé (en haut), pommes caramélisées au roquefort.

4. À l'aide d'un couteau bien aiguisé, couper les rouleaux en tranches de 2 cm. Servir accompagnés de brins de persil ou une autre herbe, selon le goût.

Note : on peut préparer les roulés de saumon la veille. Recouvrir d'un film alimentaire et conserver au réfrigérateur jusqu'au moment de servir.

Enlever soigneusement la peau des poivrons grillés.

Étaler les épinards et les éponger avec du papier absorbant.

Croûtons et roulés aux poivrons

Préparation :
30 minutes
Cuisson :
10 minutes

Pour 20 croûtons environ
2 poivrons rouges
2 poivrons jaunes
8 grandes feuilles d'épinards
1 cuil. à soupe de persil, haché
1 baguette de pain
Huile d'olive
Parmesan, râpé

1. Épépiner les poivrons et les couper en morceaux. Badigeonner l'extérieur d'huile, puis les placer sur une grille préchauffée, côté peau vers le haut, jusqu'à ce qu'elle noircisse. Laisser refroidir et enlever la peau.

2. Poser les feuilles d'épinards dans un saladier. Recouvrir d'eau bouillante 2 minutes. Égoutter et laisser refroidir. Les étaler et les sécher avec du papier absorbant.

3. Sur un film alimentaire, aplatir le poivron rouge pour en faire un rectangle. Étaler les feuilles d'épinards sur le poivron pour former une seconde couche. Placer le poivron jaune par-dessus pour faire une troisième couche. Parsemer de persil. En s'aidant du film alimentaire, enrouler le poivron en fermant les extrémités. Garder au frais 3 heures.

4. Préchauffer le four à 200 °C (thermostat 6). Couper la baguette en tranches de 1 cm d'épaisseur. Les placer sur une plaque de four, badigeonner d'huile d'olive, saler et dorer au gril.

5. Enlever le film alimentaire, couper des tranches de 1,5 cm d'épaisseur et les poser sur les croûtons. Arroser d'huile d'olive et garnir de parmesan râpé.

Note : on peut préparer la garniture et le pain 6 heures à l'avance. Ajouter la garniture 30 minutes avant de servir, sinon elle ramollit le pain.

Croûtons et roulés aux poivrons.

Poser la couche de poivrons et d'épinards sur un film alimentaire.

Retirer le film alimentaire et couper le rouleau en tranches.

Friands au poulet et à la ricotta

Préparation :
30 minutes
Cuisson :
25 minutes
Pour 24 friands environ

1 œuf
375 g de blanc de poulet, haché
200 g de ricotta
2 cuil. à soupe de basilic haché
1 cuil. à soupe de ciboulette hachée
1/2 cuil. à café de sel
2 abaisses de pâte feuilletée
1 œuf, légèrement battu pour glacer

1. Préchauffer le four à 210 °C (thermostat 6-7). Badigeonner deux plaques d'un peu de beurre fondu ou d'huile. Battre légèrement l'œuf dans un saladier. Ajouter le poulet, la ricotta, le basilic, la ciboulette et le sel, ainsi qu'un peu de poivre noir moulu. Bien mélanger. Avec les mains humides, prendre un quart de mélange pour en faire un rouleau de 25 cm environ. Répéter la même opération avec le reste de garniture, pour obtenir 4 rouleaux en tout.
2. Couper chaque pâte feuilletée en 2 et badigeonner d'eau. Placer un rouleau de garniture sur chaque pâte feuilletée, puis l'enrouler. Avec un couteau bien aiguisé, couper chaque rouleau en 6 morceaux et les placer sur la plaque. Badigeonner d'œuf battu et piquer à deux ou trois endroits. Mettre au four 20 à 25 minutes, jusqu'à ce que la pâte soit gonflée et dorée. Servir chaud.

Note : on peut préparer les friands et les mettre au frais sans les cuire, ou les cuire et les mettre à congeler. Décongeler et réchauffer au four à 180 °C (thermostat 4) une dizaine de minutes.

Conseil : servir les friands avec de la sauce tomate fraîche et quelques olives noires hachées.

Aubergines frites

Préparation :
30 minutes + 30 minutes de repos
Cuisson :
3 minutes pour chaque
Pour 18 rondelles environ

6 aubergines, coupées en tranches
30 g de farine, assaisonnée (sel, poivre, herbes)
3 œufs, battus
150 g de chapelure
80 g de parmesan, râpé
Huile, pour friture

1. Étaler les tranches d'aubergines. Saupoudrer de sel. Laisser reposer au moins 30 minutes. Rincer et éponger.
2. Saupoudrer de farine chaque tranche d'aubergine. Les plonger dans l'œuf battu (ajouter un peu de lait aux œufs battus pour les allonger), dans la chapelure et le parmesan.
3. Faire chauffer l'huile dans une poêle et frire les tranches d'aubergine à feu moyen jusqu'à ce qu'elles soient dorées.

Aubergines frites (en haut), friands au poulet et à la ricotta.

4. Servir avec de la sauce chili, de la sauce soja, de la sauce teriyaki, de l'aïoli, etc.

Note : enrober l'aubergine de chapelure et conserver 2 heures au réfrigérateur. Cuire juste avant de servir.

Pour l'aïoli : écraser 2 gousses d'ail dans un mortier. Incorporer 2 jaunes d'œufs, sel et poivre. Fouetter et verser l'huile d'olive en filet, sans cesser de battre. Ajouter un peu de jus de citron ou de vinaigre. On peut aussi faire l'aïoli dans un mixeur.

Fruits secs aux épices

Préparation :
10 minutes
Cuisson :
18 minutes
Pour 2 tasses

2 cuil. à soupe d'huile d'olive
1/2 cuil. à café de cumin en poudre
1/2 cuil. à café de coriandre en poudre
1/2 cuil. à café d'ail en poudre
1/4 de cuil. à café de chili en poudre
1/4 de cuil. à café de gingembre moulu
1/4 de cuil. à café de cannelle moulue
300 g de mélange de fruits secs (amandes, noix de cajou, cacahuètes)

1. Préchauffer le four à 150 °C (thermostat 2). Faire chauffer l'huile dans une poêle. Verser les poudres de cumin, de coriandre, d'ail et de chili, ainsi que la cannelle et le gingembre. Chauffer en remuant à feu doux 2 minutes.
2. Retirer la poêle du feu. Ajouter le mélange, remuer jusqu'à ce que tout soit bien enrobé avec les épices.
3. Étaler les fruits secs sur une plaque de four, faire chauffer 15 minutes. Les retirer, saupoudrer de sel et laisser refroidir.

Note : préparer les fruits secs la veille et de les conserver dans un récipient étanche.

Samosas à la sauce raita

Préparation :
30 minutes
Cuisson :
45 minutes
Pour 40 samosas environ

Huile, pour friture
1 petit oignon, haché
1 gousse d'ail, écrasée
1 petit poivron rouge, épépiné et coupé en dés
40 g de petits pois
1 carotte, épluchée et râpée
1 pomme de terre cuite à l'eau, coupée en dés
1 cuil. à café de poudre de curry
1/2 cuil. à café de garam masala
1 paquet de 270 g de feuilles de brick

Sauce raita
1/2 concombre
200 g de yaourt
1/4 de cuil. à café de curcuma
1 cuil. à soupe de feuilles de menthe, hachées

1. Faire chauffer l'huile dans une poêle et revenir l'oignon et l'ail quelques minutes, jusqu'à ce que l'oignon soit fondu. Ajouter le poivron et cuire 3 minutes, puis les petits pois, la carotte, la pomme de terre, la poudre de curry et le garam masala. Retirer du feu et mélanger. Assaisonner de sel et de poivre.
2. Placer 1 cuil. à café du mélange au milieu de chacune des feuilles de brick. Humecter les bords avec un peu d'eau et plier en deux, en formant des triangles pour enfermer la garniture. Presser les bords pour fermer. Faire dorer les samosas 5 minutes. Égoutter sur du papier absorbant. Servir chaud, avec la sauce.
3. Sauce raita : éplucher le concombre et enlever les graines. Hacher la viande, mélanger avec le yaourt et le curcuma. Mettre au frais. Ajouter des feuilles de menthe avant de servir.

De haut en bas : fruits secs aux épices, samosas à la sauce raita.

Remuer doucement l'eau en la portant à ébullition pour bien centrer les jaunes d'œufs.

Écaler et rouler doucement les œufs dans la farine.

Œufs de caille à l'écossaise

Préparation :
30 minutes
Cuisson :
20 minutes environ
Pour 12 œufs

12 œufs de caille
300 g de blanc de poulet, haché
1 cuil. à café de gingembre râpé
1 cuil. à soupe de ciboulette hachée
1 cuil. à café de moutarde
30 g de farine
1 œuf, légèrement battu
50 g de chapelure
Huile, pour la friture

1. Mettre les œufs dans une casserole et recouvrir d'eau salée. Remuer doucement les œufs jusqu'à ce que l'eau se mette à bouillir (afin de centrer les jaunes d'œufs). Faire bouillir 5 minutes. Égoutter et mettre les œufs à refroidir dans un bol d'eau froide.
2. Mélanger dans un saladier le poulet haché, le gingembre, la ciboulette et la moutarde. Écaler et rouler les œufs dans la farine.
3. Diviser le mélange au poulet en 12 portions égales. Les mains mouillées, enrober chaque œuf d'une portion de mélange. Badigeonner d'œuf battu et rouler chaque œuf dans la chapelure.
4. Faire chauffer l'huile dans une poêle et dorer les œufs. Égoutter avec du papier absorbant. Servir les œufs bien chauds, soit en entier, soit coupés en deux.

Note : on peut préparer les œufs de caille 4 heures avant et les conserver au réfrigérateur. Les faire frire juste avant de servir et les parsemer de fines herbes. Accompagner de rondelles de citron vert.

Variante : à défaut d'œufs de caille, on peut utiliser des œufs de poule.

Œufs de caille à l'écossaise.

Enrober chaque œuf du mélange de poulet haché.

Faire dorer les œufs enrobés, les égoutter sur du papier absorbant.

Les mini-quiches

Garnitures crémeuses dans une pâte croustillante, les quiches en miniature sont délicieuses, irrésistibles.

Méthode de base

Préchauffer le four à 190 °C (thermostat 5) et badigeonner 24 petits moules de beurre fondu ou d'huile. Découper 24 ronds dans trois abaisses de pâte brisée, et remplir les petits moules de pâte. Cuire 20 minutes au four, jusqu'à ce que la pâte soit dorée. On peut conserver les quiches cuites au congélateur dans un récipient étanche. Les passer au four pour les réchauffer.

Garniture au saumon fumé

Mixer 100 g de fromage frais crémeux, 60 ml de crème liquide et 2 œufs jusqu'à ce que tout soit bien mélangé. Hacher 125 g de saumon fumé et répartir sur la pâte à quiche. Versez la garniture sur le saumon.

Garniture au brie et à la ciboulette

Mixer 2 cuil. à café de lait et de farine, 125 g de brie bien fait, avec la croûte. Malaxer jusqu'à ce que le mélange soit onctueux. Ajouter 2 œufs, 1 jaune d'œuf, 185 ml de crème liquide, 1 cuil. à soupe de ciboulette hachée, sel et poivre selon le goût. Mélanger, puis répartir le mélange sur la pâte à quiche.

Garniture au bacon

Faire chauffer 2 cuil. à café d'huile dans une poêle et dorer 3 tranches de bacon haché et 1 oignon haché. Réserver. Battre 125 ml de lait, 80 ml de crème liquide et 2 œufs. Répartir le mélange au bacon sur la pâte à quiche, verser dessus la garniture. Saupoudrer de 60 g de fromage râpé.

Garniture aux poivrons

Couper 2 poivrons rouges en deux, retirer la membrane et les graines. Griller sur une grille les poivrons jusqu'à ce que la peau se boursoufle et noircisse. Retirer du feu, laisser refroidir. Enlever la peau du poivron, hacher et répartir la chair sur la pâte à quiche. Parsemer d'un peu de parmesan râpé. Fouetter 125 ml de lait et de crème liquide avec 2 œufs. Verser ce mélange sur les poivrons.

Garniture à la feta et aux oignons

Faire chauffer 1 cuil. à soupe d'huile et 20 g de beurre dans une poêle et revenir à feu doux 3 oignons coupés en tranches, 20 minutes, en remuant de temps en temps, jusqu'à ce que les oignons soient dorés. Émietter 125 g de feta. Répartir le mélange oignons-féta sur la pâte à quiche. Fouetter 2 œufs et 170 ml de crème liquide, verser sur les quiches.

De gauche à droite : mini-quiches au saumon fumé, au brie et à la ciboulette, au bacon, aux poivrons, à la feta et aux oignons.

Crevettes sauce à la mangue

Préparation :
30 minutes
Cuisson :
aucune
Pour 20 crevettes

20 crevettes moyennes, cuites
1 gros avocat bien mûr
Jus de citron

Sauce à la mangue
1 grosse mangue bien mûre, écrasée
125 ml de lait de coco
1 cuil. à soupe de jus de citron vert
2 cuil. à café de menthe hachée

1. Décortiquer les crevettes, enlever la tête et la queue. Couper l'avocat en deux, laisser la peau. Retirer le noyau et, avec une cuillère à melon, faire 20 boules de chair d'avocat. Badigeonner les boules d'avocat de jus de citron, pour éviter qu'elles noircissent.
2. Enfiler une crevette et une boule d'avocat sur une pique en bois. Servir accompagné de sauce à la mangue.
3. Sauce à la mangue : mixer la mangue, le lait de coco et le jus de citron vert jusqu'à ce que le mélange soit onctueux. Ajouter la menthe hachée, sel et poivre noir moulu. Réfrigérer avant de servir. Décorer de fines herbes.

Note : préparer les petites brochettes et la sauce 1 heure à l'avance.

Frittata aux épinards et au jambon

Préparation :
20 minutes
Cuisson :
30 minutes
Pour 36 frittata
6 œufs
250 ml de lait

185 g de fromage, râpé
40 g de chapelure
3 oignons nouveaux, hachés
1 cuil. à soupe de persil haché
300 g d'épinards, cuits et hachés
125 g de jambon, coupé en fines lanières

1. Préchauffer le four à 180 °C (thermostat 4). Badigeonner un moule de beurre fondu ou d'huile, recouvrir le fond d'un papier d'aluminium.
2. Battre les œufs avec le lait dans un saladier, jusqu'à ce qu'ils soient bien mélangés. Ajouter les ingrédients restants dans le saladier. Saler et poivrer. Remuer pour bien mélanger, verser dans le moule.
Cuire au four 30 minutes.
3. Retirer du four, laisser refroidir, puis retourner la frittata sur une surface plane. Enlever l'aluminium et découper 36 morceaux de taille égale. Servir chaud, ou tiède.

Note : on peut préparer la frittata et la conserver couverte au réfrigérateur avant de la réchauffer un peu.

Variante : il est possible de remplacer les épinards par des feuilles de blettes.

Crevettes sauce à la mangue (en haut), frittata aux épinards et au jambon.

Bouchées au gorgonzola à la marmelade d'oignons

Préparation :
45 minutes
Cuisson :
1 heure
Pour 30 bouchées

Marmelade d'oignons
1 cuil. à soupe d'huile d'olive
3 oignons rouges, coupés en tranches
1 brin de thym
2 cuil. à soupe de vinaigre de vin rouge
2 cuil. à soupe de miel

150 g de gorgonzola
150 g de fromage frais crémeux
8 feuilles de brick
60 g de beurre fondu

1. Préchauffer le four à 200 °C (thermostat 6). Graisser légèrement un moule à mini-muffins.
2. Marmelade d'oignons : faire chauffer l'huile dans une poêle moyenne et fondre les oignons à feu doux 30 minutes, jusqu'à ce qu'ils soient tendres et translucides. Ajouter le thym et le vinaigre, porter à ébullition et laisser frémir à découvert environ 20 minutes, jusqu'à ce que presque tout le liquide soit évaporé. Retirer le thym. Ajouter le miel et poivrer. Laisser refroidir.
3. Mélanger les fromages dans un saladier. Badigeonner légèrement une feuille de brick avec un peu de beurre. Poser une autre feuille de brick par-dessus et badigeonner de beurre. Couper des carrés de 10 cm dans la double couche de pâte et recouper à nouveau en carrés. Superposer deux carrés, à décaler l'un par rapport à l'autre, de sorte que l'ensemble forme une étoile. Placer 2 cuil. à café du mélange au fromage au milieu de chaque feuille de pâte, puis ramener les coins pour envelopper la garniture et former une boule. Badigeonner de beurre.
4. Répéter l'opération avec le reste de pâte, de beurre et de mélange de fromage. Faire dorer les bouchées au four 12 à 14 minutes, jusqu'à ce qu'elles soient croustillantes.
Servir accompagné de marmelade d'oignons.

Triangles aux bettes

Préparation :
45 minutes
Cuisson :
20 à 25 minutes
Pour 36 triangles

2 cuil. à café d'huile
1 petit oignon, haché
6 feuilles de bettes
60 g de fromage, râpé
140 g de feta, émiettée
2 œufs, légèrement battus
4 abaisses de pâte feuilletée

1. Préchauffer le four à 210 °C (thermostat 6-7). Badigeonner deux plaques de beurre fondu ou d'huile. Faire chauffer l'huile dans une grande poêle et revenir l'oignon 3 minutes, jusqu'à ce qu'il soit tendre. Mettre l'oignon dans un saladier. Laver les bettes, les déchirer en morceaux. Mettre dans la poêle et chauffer 30 secondes à couvert, jusqu'à ce qu'elles soient tendres. Secouer souvent la poêle pour que les bettes n'attachent pas. Laisser refroidir.

Triangles aux épinards (en haut), bouchées au gorgonzola à la marmelade d'oignons.

2. Égoutter et hacher les bettes, les mettre avec les oignons. Ajouter les fromages, incorporer l'œuf et mélanger à nouveau.

3. Couper chaque pâte en 9 morceaux. Répartir le mélange sur la pâte, badigeonner les bords avec de l'œuf. Plier chaque morceau en forme de triangle, badigeonner d'œuf battu. Poser les triangles sur la plaque à four. Cuire 15 à 25 minutes, jusqu'à ce que les triangles soient dorés.

Note : on peut préparer les triangles quelques heures à l'avance. Les placer côte à côte et les conserver au réfrigérateur couverts d'un film alimentaire. Mettre au four pour réchauffer.

Mixer les olives, les amandes, le parmesan, le basilic, l'huile et l'assaisonnement.

Ramener les deux bords opposés l'un vers l'autre.

Palmiers aux olives et aux amandes

Préparation :
30 minutes
Cuisson :
20 minutes
Pour 24 palmiers environ

75 g d'olives noires dénoyautées, hachées
95 g d'amandes moulues
25 g de parmesan, râpé
2 cuil. à soupe de basilic haché
3 cuil. à soupe d'huile d'olive
1 cuil. à café de sel
1 cuil. à café de poivre moulu
2 cuil. à café de moutarde à l'ancienne
2 abaisses de pâte feuilletée
60 ml de lait

1. Préchauffer le four à 200 °C (thermostat 6). Tapisser 2 plaques de papier sulfurisé. Mixer les olives, les amandes, le parmesan, le basilic, l'huile, le sel, le poivre et la moutarde, jusqu'à ce que le tout forme une pâte.
2. Abaisser 1 pâte feuilletée. Répartir la moitié du mélange à base d'olives et d'amandes. Ramener les deux bords opposés l'un vers l'autre, de façon à ce qu'ils se rencontrent au milieu.
3. Replier encore. Badigeonner la pâte de lait. Répéter la même opération avec le reste de pâte et de garniture.
4. Couper des tranches de 1,5 cm d'épaisseur et leur donner la forme d'un V en courbant les deux extrémités l'une vers l'autre. Placer les V sur une plaque à four et cuire 15 à 20 minutes, jusqu'à ce qu'ils soient dorés. Servir chaud ou tiède.

Note : on peut préparer les palmiers 6 heures à l'avance et les mettre dans un récipient étanche. Servir en les réchauffant à four doux.

Conseil : on peut utiliser de la tapenade (pâte d'olive) toute faite pour cette recette.

Palmiers aux olives et aux amandes.

Replier en deux, vers le milieu, les deux bords opposés de la pâte.

Donner à chaque tranche la forme d'un V, en courbant légèrement les deux extrémités.

Pommes de terre aux herbes et au parmesan

Préparation :
30 minutes
Cuisson :
45 minutes
Pour 18 à 24 quartiers

750 g de pommes de terre, non épluchées
30 g de beurre, fondu
2 cuil. à soupe d'huile d'olive
1 gousse d'ail, écrasée
1 cuil. à soupe d'origan, haché
1 cuil. à soupe de romarin haché
Chili en poudre
50 g de parmesan, râpé

1. Préchauffer le four à 210 °C (thermostat 6-7). Couper chaque pomme de terre en 6 ou 8. Faire fondre le beurre dans une grande poêle, ajouter l'huile, l'ail, l'origan, le romarin, le chili et un peu de poivre noir moulu. Ajouter les pommes de terre, les tourner doucement pour bien les enrober du mélange.
2. Poser les pommes de terre sur une plaque, les unes à côté des autres, laisser 30 minutes. Retourner les morceaux de pomme de terre, saupoudrer de parmesan et laisser cuire 10 à 15 minutes supplémentaires. Servir chaud.

Note : il est recommandé de préparer les morceaux de pomme de terre et de les faire cuire juste avant de servir.

Boulettes de porc thaïlandaises

Préparation :
30 minutes
Cuisson :
20 minutes
Pour 30 boulettes

500 g de viande de porc, hachée
1 œuf, légèrement battu
40 g de chapelure
2 oignons, coupés en tranches fines
3 cuil. à soupe de châtaignes d'eau en conserve, hachées
2 cuil. à soupe de menthe hachée
2 cuil. à soupe de coriandre hachée
2 cuil. à soupe de gingembre râpé
1 cuil. à café de zeste de citron vert râpé
1 cuil. à soupe de sauce de poisson
2 cuil. à café et 60 ml de sauce chili
2 concombres moyens
80 g de carotte, coupée en fines lamelles

1. Préchauffer le four à 210 °C (thermostat 6-7). Mettre la viande de porc dans un grand saladier. Ajouter l'œuf, la chapelure, les oignons, les châtaignes, la menthe, la coriandre, le gingembre, le zeste de citron, ainsi que les sauces. Mélanger le tout.
2. À partir du mélange, faire des boulettes légèrement aplaties avec les mains mouillées. Placer les boulettes sur une plaque huilée et laisser cuire 20 minutes.
3. Badigeonner les boulettes avec 60 ml de sauce chili. Enlever les extrémités du concombre et couper des tranches de 5 mm sur une assiette. Poser les boulettes de viande cuites sur le concombre et ajouter les lamelles de carotte par-dessus.

Boulettes de porc thaïlandaises (en haut), pommes de terre aux herbes et au parmesan.

Sandwichs au poulet et aux noix

Préparation :
30 minutes + 1 heure de réfrigération
Cuisson :
30 minutes
Pour 30 sandwichs environ

750 g de blanc de poulet
Huile d'olive
375 g de mayonnaise
70 g de céleri, haché finement
40 g de noix, hachées
125 g de beurre, ramolli pour tartiner
Pain complet, coupé en tranches
155 g de roquette

1. Préchauffer le four à 210 °C (thermostat 6-7). Huiler une plaque et y placer les blancs de poulet. Enduire d'huile et recouvrir d'un papier d'aluminium. Cuire 30 minutes jusqu'à ce que les blancs de poulet soient bien cuits. Retirer du four et laisser refroidir complètement sur la plaque.
2. Hacher finement le poulet cuit et le mettre dans un saladier. Ajouter la mayonnaise, le céleri et les noix, puis assaisonner de sel et de poivre noir, moulu.
3. Beurrer les tranches de pain et répartir la garniture au poulet sur la moitié des tranches. Ajouter des feuilles de roquette, puis recouvrir d'une deuxième tranche de pain. Envelopper les sandwichs dans un film alimentaire et mettre au réfrigérateur 1 heure.
4. Enlever la croûte du pain à l'aide d'un couteau.
Couper chaque sandwich en 3, puis en 2 pour obtenir des petits sandwichs.

Note : on peut préparer ces sandwichs 4 heures avant et les conserver couverts au réfrigérateur jusqu'au moment de servir.

Terrine de truite fumée (en haut), sanwichs au poulet et aux noix.

Terrine de truite fumée

Préparation :
10 minutes + 1 heure de réfrigération
Cuisson :
aucune
Pour une petite terrine de pâté

1 petite truite fumée
60 g de beurre, ramolli
250 g de fromage frais crémeux
2 à 3 cuil. à soupe de jus de citron

1. Enlever la peau et les arêtes de la truite. Mixer la chair.
2. Incorporer le beurre et le fromage frais, mixer à nouveau pour obtenir un mélange onctueux.
Ajouter le jus de citron, puis mixer brièvement.
Verser la préparation dans un bol et garder au réfrigérateur 1 heure.
3. Décorer de tranches d'oignon blanc, de câpres, d'aneth et de rondelles de citron vert par exemple. Servir avec des crackers, des chips ou des crudités.

Note : on peut faire le pâté la veille, puis le conserver au réfrigérateur.

Gambas et sandwichs au citron

Préparation :
20 minutes
Cuisson :
aucune
Pour 4 personnes

1 kg de gambas cuites

Sandwichs au citron
160 g de beurre, pour tartiner
1 pain aux céréales, coupé en tranches
3 citrons bien mûrs, pelés

1. Décortiquer les gambas en laissant la queue. Les disposer sur une grande assiette et les servir accompagnées de sandwichs au citron.
2. Sandwichs : beurrer les tranches de pain et enlever la croûte.
Laver et essuyer les citrons, puis couper en tranches très fines.
Recouvrir la moitié des tranches de pain de rondelles de citron, puis mettre une deuxième tranche de pain par-dessus, la partie beurrée vers le bas. Presser les sandwiches et couper chacun en 8 triangles.

Note : on peut préparer les crevettes 4 heures avant et les conserver au réfrigérateur recouvertes d'un film alimentaire.

Tartelettes aux moules et aux herbes

Préparation :
30 minutes
Cuisson :
15 minutes
Pour 12 tartelettes

Garniture
1 kg de moules
500 ml d'eau
45 g de beurre, ramolli
1 gousse d'ail, écrasée
1 cuil. à soupe de ciboulette hachée
1 cuil. à soupe de persil haché

12 tranches de pain de mie
30 g de beurre, fondu

1. Garniture : nettoyer et mettre les moules dans une grande casserole avec de l'eau, couvrir et faire chauffer doucement jusqu'à ce qu'elles soient toutes ouvertes. Ne pas trop cuire et jeter celles qui sont restées fermées.
Retirer les moules des coquilles (si les moules sont grosses les couper en deux). Égoutter sur du papier absorbant.
Battre le beurre jusqu'à ce qu'il soit onctueux.
Ajouter l'ail, la ciboulette et le persil, le sel et le poivre.
2. Préchauffer le four à 180 °C (thermostat 4).
Aplatir les tranches de pain à l'aide d'un rouleau à pâtisserie et découper un rond dans chaque tranche avec un emporte-pièce.
Badigeonner chaque côté du pain avec du beurre fondu et poser dans de petits moules à tartes. Passer au four 8 minutes, jusqu'à ce qu'ils soient croustillants et légèrement dorés.
3. Répartir les moules sur les ronds de pain chauds et verser par-dessus du beurre aux herbes. Réchauffer au four 5 minutes.Servir chaud.

Crevettes et sandwichs au citron (en haut), tartelettes aux moules et aux herbes.

Gambas à l'ail grillées

Préparation :
20 minutes + 2 heures de réfrigération
Cuisson :
5 minutes
Pour 10 personnes

1 kg de gambas

Marinade
60 ml de jus de citron
2 cuil. à soupe d'huile de sésame
2 gousses d'ail écrasées
2 cuil. à café de gingembre râpé

1. Décortiquer les gambas et laisser les queues.
2. Marinade : mettre le jus de citron, l'huile, l'ail et le gingembre dans un saladier et mélanger.
3. Mettre les gambas dans la marinade. Couvrir et garder au réfrigérateur au moins 2 heures.
4. Cuire les gambas 3 à 5 minutes au barbecue ou sur une grille légèrement graissée, jusqu'à ce qu'elles soient dorées, les badigeonner fréquemment de marinade. Servir chaud avec des morceaux de citron et des fines herbes.

Brochettes de bœuf, sauce aux cacahuètes

Préparation :
40 minutes + temps de réfrigération
Cuisson :
15 minutes
Pour 30 brochettes

750 g de rumsteak
80 ml de sauce soja
2 cuil. à soupe d'huile
2 gousses d'ail, écrasées
1 cuil. à café de gingembre râpé

Sauce aux cacahuètes
250 ml de jus d'ananas
250 g de beurre de cacahuète
1/2 cuil. à café de poudre d'ail
1/2 cuil. à café de poudre d'oignon
2 cuil. à soupe de sauce chili
60 ml de sauce soja

1. Laisser tremper 30 brochettes en bois 1/2 heure dans l'eau froide. Débarrasser la viande de son excès de gras, puis couper des lamelles longues et fines. Enfiler les lamelles de viande sur les brochettes et les poser dans un plat.
2. Mélanger dans un saladier la sauce soja, l'huile, l'ail et le gingembre et verser sur les brochettes. Garder au réfrigérateur, recouvertes d'un film alimentaire, plusieurs heures ou toute une nuit. Placer les brochettes sur une grille de barbecue très chaude et légèrement enduite d'huile. Laisser cuire 8 à 10 minutes, en les retournant de temps en temps. Servir accompagnées de sauce au beurre de cacahuètes.
3. Sauce aux cacahuètes : mélanger le jus d'ananas, le beurre de cacahuètes, les poudres d'ail et d'oignon ainsi que les sauces dans une petite poêle. Faire chauffer 5 minutes en remuant à feu moyen, jusqu'à ce que le mélange soit onctueux. Servir chaud.

Note : cuire les brochettes juste avant de les servir. On peut préparer la sauce un jour avant. Si elle s'épaissit, ajouter un peu d'eau chaude pour l'allonger.

Gambas à l'ail grillées, brochettes de bœuf, sauce aux cacahuètes.

Bouchées au poulet fumé

Préparation :
45 minutes
Cuisson :
environ 30 minutes
Pour 20 bouchées environ

7 blancs d'œufs
60 ml d'eau
1 cuil. à soupe de Maïzena
20 g de beurre

Garniture
8 à 10 tiges de ciboulette de Chine
1 cuil. à soupe de ciboulette hachée
30 g de beurre
4 oignons nouveaux, hachés
200 g de champignons, égouttés et hachés
175 g de blanc de poulet fumé, haché
2 cuil. à soupe de crème fraîche épaisse
Huile, pour la friture

1. Fouetter les blancs d'œufs, l'eau et la Maïzena dans un saladier. Faire chauffer un peu de beurre dans une poêle. Ajouter environ 1 cuil. à soupe de mélange de blancs d'œufs pour former une galette de 10 cm de diamètre. Cuire jusqu'à ce que la galette soit légèrement dorée, faire dorer l'autre côté. Répéter la même opération avec le reste de mélange.

2. Garniture : couvrir les tiges de ciboulette de Chine d'eau bouillante. Faire blanchir. Égoutter et laisser refroidir. Mettre le beure à fondre dans une poêle, ajouter les oignons, les champignons et le poulet, mélanger. Verser la crème dans la poêle et laisser mijoter doucement pendant 3 minutes, jusqu'à ce que le mélange épaississe. Retirer du feu, mettre la ciboulette hachée et poivrer.

3. Répartir la garniture sur les galettes. Ramener les bords pour former un petit sac et fermer avec des tiges de ciboulette, ébouillantées, utilisées comme cordelettes. Faire frire les bouchées à l'huile bouillante jusqu'à ce qu'elles soient dorées et croustillantes, égoutter sur du papier absorbant et servir.

Bouchées au poulet fumé.

Utiliser une spatule pour retourner la galette et faire dorer l'autre côté.

Couvrir la ciboulette d'eau bouillante et laisser blanchir 2 minutes.

Ajouter la crème dans la poêle et laisser mijoter doucement le mélange.

Ramener les bords des galettes pour former un petit sac.

Pop-corn épicé aux amandes

Préparation :
30 minutes
Cuisson :
5 minutes
Pour 4 personnes

100 g de maïs à pop-corn
2 cuil. à soupe d'huile d'olive
125 g d'amandes mondées
125 g de noix de cajou, grillées
2 cuil. à soupe de graines de sésame
1 cuil. à soupe de graines de cumin
1 cuil. à soupe de graines de coriandre
1 cuil. à soupe de chili, en poudre
1 cuil. à soupe de paprika
100 g de parmesan, râpé

1. Préparer le pop-corn comme indiqué sur le paquet. Répartir dans 2 bols. Faire chauffer l'huile dans une poêle de taille moyenne, ajouter les amandes et cuire à température modérée jusqu'à ce qu'elles soient légèrement grillées. Ajouter les noix de cajou, les graines de sésame, cumin, coriandre, le chili et paprika. Remuer sur le feu 1 minute.
2. Retirer du feu, ajouter le fromage et saupoudrer le pop-corn. Laisser refroidir avant de servir.

Note : ce plat se prépare 1 heure à l'avance.

Feuilletés au chorizo et au poivron

Préparation :
30 minutes
Cuisson :
18 minutes
Pour 24 feuilletés

1 gros poivron rouge
30 g de beurre
1 oignon, haché
200 g de chorizo, haché
300 g de chair à saucisse
1 cuil. à soupe d'herbes de Provence
2 abaisses de pâte feuilletée
1 jaune d'œuf, légèrement battu
2 cuil. à café de graines de fenouil

1. Préchauffer le four à 200 °C (thermostat 6). Couper le poivron en deux, ôter les graines. Faire cuire sous le gril, le côté peau vers le haut, jusqu'à ce que la peau noircisse et soit boursouflée. Laisser refroidir. Enlever la peau et couper le poivron en petits dés.
2. Faire chauffer le beurre dans une poêle, ajouter l'oignon et le chorizo, puis cuire en remuant 3 minutes, jusqu'à ce que l'oignon soit fondu. Retirer de la poêle. Dans un saladier, mélanger le poivron, l'oignon, le chorizo, la chair à saucisse et les herbes. Diviser ce mélange en quatre.
3. Couper les abaisses de pâte en deux pour former 4 rectangles. Placer une portion de mélange à 3 cm du bord de la pâte. Badigeonner les bords de jaune d'œuf battu, puis enrouler pour enrober la garniture et presser pour rendre hermétique. Placer la fermeture vers le bas sur une plaque de four légèrement huilée, badigeonner de jaune d'œuf et saupoudrer de graines de fenouil. Couper le rouleau en rondelles de 2 cm. Mettre 10 à 15 minutes au four, jusqu'à ce que les feuilletés soient croustillants et dorés.

Pop-corn épicé aux amandes (en haut), feuilletés au chorizo et au poivron.

Piroshkis à l'aubergine

Préparation :
40 minutes + 1 heure 20 de repos
Cuisson :
12 minutes
Pour 40 pirohskis

Pâte
60 g de levure fraîche
2 cuil. à soupe de sucre
315 ml de lait tiède
375 g de farine
1 cuil. à café de sel
125 g de beurre, fondu

Garniture
1 aubergine moyenne
60 g de beurre
2 oignons, coupés en petits dés
1 gousse d'ail, écrasée
2 cuil. à café de concentré de tomates
1 œuf, battu
3 cuil. à soupe de graines de sésame

1. Pâte : battre la levure et le sucre dans un saladier, ajouter le lait en remuant. Mélanger la farine et le sel dans un autre récipient, faire un puits au milieu et verser le mélange à base de levure et le beurre fondu. Battre jusqu'à ce que le mélange soit onctueux. Verser ce mélange dans un saladier légèrement huilé, couvrir d'un film alimentaire et laisser reposer 40 à 60 minutes, jusqu'à ce que le mélange ait doublé de volume.

2. Garniture : couper l'aubergine en tranches fines, la piquer avec une fourchette et saupoudrer de sel. Laisser dégorger 30 minutes dans une passoire. Rincer les tranches d'aubergine à l'eau froide et égoutter sur du papier absorbant. Hacher l'aubergine. Faire chauffer le beurre dans une poêle et fondre l'oignon et l'ail à feu moyen. Ajouter l'aubergine, le concentré de tomates, le sel, le poivre et cuire jusqu'à ce que l'aubergine soit moelleuse. Retirer du feu et laisser refroidir.

3. Préchauffer le four à 180 °C (thermostat 4). Badigeonner la plaque du four d'huile ou de beurre fondu. Pétrir la pâte légèrement (il faut que le mélange soit mou mais pas collant) et la diviser en 40 portions. Une par une, abaisser les portions de pâte pour leur donner la forme de petits disques, puis mettre une petite cuil. à café de mélange d'aubergine au milieu. Enrouler les disques pour y enfermer la garniture et presser les bords l'un contre l'autre pour bien fermer. Placer les piroshkis sur la plaque du four, le côté fermé vers le bas. Mettre de côté 20 minutes. Badigeonner les piroshkis d'œuf battu et saupoudrer de graines de sésame. Cuire au four 10 à 12 minutes, jusqu'à ce qu'ils soient dorés.

Note : on peut préparer les piroshkis 6 heures avant et les garder couverts au réfrigérateur. Servir à température ambiante ou réchauffés au four.

Conseil : à défaut de levure fraîche, on peut aussi utiliser de la levure sèche ; (15 g de levure fraîche correspondent à 7 g de levure sèche).

Piroshkis à l'aubergine.

Les antipasti

Rassembler un buffet d'antipasti est facile à faire, esthétique et bon. Voici quelques recettes d'antipasti. Servir avec des légumes variés, de la charcuterie italienne et des pains de votre choix.

Ail rôti

Préchauffer le four à 150 °C (thermostat 2). Enlever la peau de 4 têtes d'ail, en gardant la dernière couche pour que les gousses restent rattachées ensemble. Mettre les têtes d'ail dans une poêle avec 2 cuil. à café de sel. Recouvrir d'eau, porter à ébullition et chauffer 4 minutes. Retirer de la poêle, égoutter. Garder un peu de liquide. Placer l'ail dans un plat à four et l'asperger de 3 cuil. à soupe d'huile d'olive. Laisser cuire 50 minutes, en arrosant de temps en temps l'ail avec son liquide de cuisson, jusqu'à ce qu'il soit tendre. Séparer et disposer les gousses chaudes sur une assiette. Écraser l'ail sur un toast ou sur une tranche de pain de campagne. Préparer l'ail quelques heures avant de servir.

Feta marinée au miel

Dans un récipient, mettre une cuil. à soupe de miel, 1 gousse d'ail émincée, 125 ml d'huile d'olive, 1 cuil. à soupe de feuilles de thym, 2 feuilles de laurier, 1 cuil. à soupe de zeste de citron râpé et
1 cuil. à soupe de jus de citron. Mélanger. Couper 500 g de fromage de feta en cubes de 1 cm, ajouter au mélange précédent avec 12 olives de Kalamata et du poivre moulu. Couvrir et mettre au réfrigérateur 2 à 3 heures, en remuant de temps en temps. Retirer les feuilles de laurier, placer la feta sur un plat. Servir sur des tranches de pain croustillantes.
Note : goûter la feta avant de l'utiliser pour cette recette. Si elle semble trop salée, la rincer à l'eau froide et l'égoutter sur du papier absorbant.

Champignons marinés

Essuyer 500 g de petits champignons de Paris pour enlever le sable et couper les pieds. Placer

les champignons dans un saladier. Mélanger 125 ml d'huile d'olive et de vinaigre de vin blanc avec 3 gousses d'ail écrasées, 1 cuil. à soupe de feuilles de romarin et 1 cuil. à café de sucre en poudre. Ajouter 1 à 2 cuil. à café de chili, selon le goût, sel et poivre. Verser sur les champignons et mélanger. Couvrir et mettre au réfrigérateur au moins 1 heure, au plus 2 jours, en remuant de temps en temps. Servir à température ambiante.

Olives au four

Préchauffer le four à 180 °C (thermostat 4). Prélever le zeste de 2 citrons et mettre dans un plat allant au four. Ajouter 250 g d'olives (vertes ou noires), 220 ml de vin rouge, 2 gousses d'ail coupées en petits dés, 2 feuilles de laurier, 4 tomates séchées coupées en tranches fines, 2 brins de thym et du poivre moulu. Remuer, couvrir et chauffer au four 20 minutes. Servir chaud ou à température ambiante. Ce plat peut être préparé 4 heures à l'avance.

De gauche à droite dans le sens des aiguilles d'une montre : ail rôti, olives au four, champignons marinés, feta marinée au miel.

Wontons aux crevettes et aux pousses de bambou

Préparation :
30 minutes
Cuisson :
20 minutes
Pour 30 wontons

1 cuil. à soupe d'huile
2 cuil. à café d'huile de sésame
4 oignons nouveaux, hachés
1 gousse d'ail, écrasée
1 cuil. à café de gingembre râpé
500 g de crevettes cuites, décortiquées et hachées
220 g de pousses de bambous en conserve, égouttées et hachées
1 cuil. à soupe de sauce soja
1 cuil. à soupe de sauce d'huîtres
30 feuilles de pâte pour wontons
Huile, pour la friture
Sauce chili, à part

1. Faire chauffer les huiles dans un wok ou une poêle. Frire les oignons, l'ail et le gingembre 1 minute. Ajouter les crevettes, les pousses de bambou et les sauces. Mélanger. Retirer du feu, laisser refroidir.
2. Mettre 2 cuil. à café du mélange à base de crevettes au milieu de chaque feuille de pâte, badigeonner les bords avec de l'eau. Fermer de façon à former des petits sacs. Presser les bords l'un sur l'autre pour bien les sceller.
3. Faire frire les wontons jusqu'à ce qu'ils soient croustillants et dorés, égoutter sur du papier absorbant. Servir avec de la sauce piquante.

Note : on peut préparer les wontons 3 heures à l'avance. Les garder couverts au réfrigérateur, les uns à côté des autres, sans qu'ils se touchent.

Beignets de fruits de mer

Préparation :
40 minutes + 30 minutes de repos
Cuisson :
3 minutes à chaque fois
Pour 4 à 6 personnes

Pâte à beignets
60 g de farine
1 jaune d'œuf
170 ml de lait
4 pommes de terre
2 filets de poisson (merlan ou cabillaud)
6 gambas, décortiquées
6 coquilles Saint-Jacques
Huile, pour la friture
2 citrons, coupés en quartiers
125 ml de sauce chili

1. Pâte : mettre la farine avec une pincée de sel dans un saladier. Ajouter le jaune d'œuf et le lait, battre pour bien mélanger. Couvrir et laisser reposer 30 minutes.
2. Éplucher, couper et essuyer les pommes de terre. Couper chaque filet de poisson en tranches de 5 cm. Plonger les fruits de mer dans la pâte et frire en petite quantité à chaque fois dans l'huile bouillante. Égoutter sur du papier absorbant. Garder au chaud.
3. Faire dorer les frites. Égoutter sur du papier absorbant. Saler. Disposer les beignets de fruits de mer et les frites sur un plat, accompagnés de quartiers de citron et de sauce chili.

Note : le poisson peut se préparer 4 heures avant, la pâte à beignets et les frites 30 minutes.

Beignets de fruits de mer (en haut), wontons aux crevettes et aux pousses de bambou.

ꞯuesadillas u poulet

'réparation :
0 minutes
'uisson :
5 minutes
'our 40 quesadillas

30 g de beurre
75 g de champignons, émincés
1 petit oignon rouge, émincé
4 tortillas
200 g de poulet cuit, haché
60 g de bleu d'Auvergne, émietté
1 cuil. à soupe d'huile
2 avocats
Jus de citron
125 ml de crème fraîche, à part
Feuilles de coriandre
Poudre de chili ou de paprika

Salsa de tomate
1 oignon blanc, haché
2 tomates de taille moyenne, concassées
3 oignons nouveaux
2 gousses d'ail, hachées
1 piment rouge de taille moyenne, épépiné et haché
2 cuil. à soupe de jus de citron

1. Faire chauffer le beurre dans une petite poêle, frire les champignons et l'oignon en mélangeant. Poser une tortilla sur une surface plane, la recouvrir de la moitié du poulet, du mélange à l'oignon, du fromage et des feuilles coriandre. Poser dessus une autre tortilla et presser pour faire un sandwich.
2. Faire chauffer un peu d'huile dans une poêle assez grande pour accueillir la tortilla entière. Cuire jusqu'à ce qu'elle soit dorée. Faire glisser la tortilla sur une assiette avec précaution, puis la remettre dans la poêle pour cuire l'autre côté. Répéter la même opération pour les autres tortillas.
3. Mettre les quesadillas sur une planche et couper en petits morceaux. Servir très chaud, avec la salsa de tomates et des tranches d'avocats (badigeonner les tranches d'avocats de jus de citron pour éviter qu'elles noircissent). Servir avec de la crème fraîche, saupoudrée d'un peu de poudre de chili ou de paprika.
4. Salsa de tomates : mélanger les tomates, les oignons, l'ail, le chili, le jus de citron, le sel et le poivre dans un bol. Couvrir et garder au réfrigérateur jusqu'au moment de servir.

Note : on peut préparer la salsa de tomates 1 jour à l'avance, la couvrir et la mettre au réfrigérateur. Préparer et cuire les quesadillas juste avant de servir.

Variante : on peut remplacer la crème fraîche par du yaourt nature ou du fromage blanc, battu.
Les quesadillas (prononcés ké-sa-di-yas) sont très populaires au Mexique, pays où l'on utilise diverses garnitures. Pour obtenir un goût mexicain authentique, essayer un mélange de haricots au chili et de fromage.

Salsa de tomates et crème fraîche (en haut), quesadillas au poulet.

Galettes de patates douces

Préparation :
30 minutes
Cuisson :
6 minutes à chaque fois
Pour 30 galettes

3 patates douces moyennes
1/2 cuil. à café de sel
2 cuil. à café de Maïzena
40 g de beurre
150 g de mozzarella, coupées en 30 cubes

1. Peler les patates douces et les faire bouillir jusqu'à ce qu'elles soient presque cuites, mais encore fermes. Laisser refroidir, les peler et les râper dans un saladier. Ajouter le sel et la Maïzena, mélanger.
2. Faire fondre un peu de beurre dans une poêle. Placer quelques cuil. à café du mélange de patates douces dans la poêle avec un cube de mozzarella au milieu. Remettre dessus une autre cuil. de patate douce, aplatir pour former des petites galettes. Augmenter la température de la poêle et frire 3 minutes de chaque côté, jusqu'à ce les galettes soient dorées. Répéter l'opération avec le reste du mélange de patate douce-mozzarella.

Note : on peut faire cuire et râper les patates douces 2 heures à l'avance, puis les mettre de côté, jusqu'au moment de servir. Préparer et rôtir les galettes juste avant de servir.

Tartelettes au maïs et au poivron

Préparation :
20 minutes
Cuisson :
25 minutes
Pour 36 tartelettes environ

3 abaisses de pâte feuilletée
310 g de maïs en conserve, égoutté
150 g de fromage, râpé
1 petit poivron rouge, haché
2 œufs, légèrement battus
60 ml de babeurre
170 ml de crème épaisse
1 cuil. à café de moutarde
Tabasco

1. Préchauffer le four à 200 °C (thermostat 6). Graisser 12 moules à tartelettes. Avec un couteau, découper des cercles dans la pâte feuilletée. Placer les cercles dans les moules et piquer la pâte avec une fourchette.
2. Mélanger le maïs, le fromage et le poivron dans un saladier, saler, poivrer. Battre les œufs, le babeurre, la crème, la moutarde et un filet de Tabasco. Avec une cuillère, recouvrir d'un peu du mélange dans les moules, puis du mélange à l'œuf , de manière à ce que les moules soient presque pleins. Cuire au four 20 à 25 minutes, jusqu'à ce que les tartelettes soient bien gonflées et dorées. Servir chaudes ou froides. Garnir d'herbes selon le goût.

Note : les tartelettes peuvent êtres cuites 6 heures à l'avance et conservées dans un récipient étanche.

Galettes de patates douces (en haut), tartelettes au maïs et au poivron.

Index